FRANÇAIS	ANGLAIS	PRONONCIATION
bonjour	hello	héllo
allons-y	let's go	lait-sse go
un	one	ouane
deux	two	tou
trois	three	sri
quatre	four	for
cinq	five	faïve
c'est gagné	we did it	oui dide it

D'après la série *Dora l'Exploratrice* réalisée par Eric Weiner.

Traduction française : © Philippe Mestiri

Publication originale :
© Éditions Albin Michel, S.A., 2016
Éditions Albin Michel
22, rue Huyghens, 75014 Paris
www.albin-michel.fr

Directeur de collection : Lise Boëll
Éditorial : Estelle Cerutti
Direction artistique : Luc Doligez

ISBN : 978-2-226-32331-6
Loi n°49-956 du 16 juillet 1949 sur les publications destinées à la jeunesse.
Achevé d'imprimer en Italie
Dépôt légal : avril 2016

nickelodeon

DORA l'exploratrice

Dora compte les animaux

Albin Michel

Hello! C'est moi Dora !
Avec mon ami Babouche,
nous allons rendre visite
à ma mamie, grand-ma.

Mamie m'a annoncé que
des bébés lapins sont nés
dans l'**Étable rouge**.
J'ai hâte de les rencontrer.

Pour arriver à l'Étable rouge de ma mamie, la Carte dit qu'il faut franchir la Mare aux canards, puis traverser le Champ de maïs.

Allons-y ! Let's go!

ÉTABLE ROUGE
CHAMP DE MAÏS
MARE AUX CANARDS

Mais où se trouve la Mare aux canards ? Oui, au bout du chemin. Combien de canards vois-tu ? Un, one. Bravo !

Regarde sur ce chemin,
on observe des empreintes
d'animaux. Je me demande
qui a bien pu faire celles-ci.
Le sais-tu ? Oui, ce sont
les deux, **two**, chevaux !

Voici le **Champ de maïs**.
Il est très grand. Pour trouver le bon chemin, nous devons passer devant l'épouvantail.
Le vois-tu ? Oui, bravo !
Merci de nous avoir aidés.

En chemin, Dora et Babouche rencontrent Diego. Il a perdu son chapeau, c'est encore ce coquin de renard. Pour attraper le chapeau, dis avec moi : « Chipeur arrête de chiper ! »

Diego a enfin récupéré son chapeau ! Nous devons maintenant ramener les trois, **three**, petits cochons à la ferme pour leur donner à manger. En route dans le camion de Diego !

Il est l'heure de rentrer les poules ! Peux-tu nous aider à les compter ? **One, two, three, four!** Bravo ! Grâce à toi, il n'en manque aucune !

Il fait tout noir dans l'Étable rouge. Peux-tu m'aider à trouver la torche ?
Oui elle est là ! Mais je ne vois pas les petits lapins.
Ça y est ! Babouche les a trouvés !

Les lapereaux sont bien au chaud dans l'Étable auprès de leur maman. Combien sont-ils ? Un, one, deux, two, trois, three, quatre, four, cinq, five lapereaux !

Combien d’animaux avons-nous rencontré aujourd’hui ? Veux-tu m’aider à les compter ?
One canard, two chevaux, three cochons, four poules, et five lapins.

C’est gagné !
We did it!

Je grandis avec Dora

Combien de lapereaux a eu maman lapin ?

– Oui, cinq !
Five !

C'est gagné ! *We did it!*